AF438263

LETTRE

SUR

LA CRISE POLITIQUE

par

M. S. MONY

DÉPUTÉ DE L'ALLIER.

MONTLUÇON

IMPRIMERIE DE CRÉPIN-LEBLOND

1869

MON CHER MONSIEUR,

Je ne puis pas refuser une réponse à la lettre que vous me faites l'honneur de m'adresser au nom, me dites-vous, de beaucoup d'Électeurs qui se préoccupent de la crise que nous traversons et de l'attitude que j'y ai gardée. Les uns, ajoutez-vous, témoignent de l'étonnement, d'autres, de la satisfaction que je n'aie pas signé les interpellations, mais tous désirent connaître mes motifs et aussi ma pensée sur l'avenir de nos institutions. Vous m'offrez, dans ce but, la publicité de votre journal ; je l'accepte, ayant toujours été convaincu que l'un des premiers devoirs du député est de répondre quand il est interrogé par ses électeurs.

Il faut, avant tout, se fixer sur le rôle qu'ont pris et joué les interpellations dans la crise actuelle. Elles sont un incident—grave, sérieux, habile, — mais seulement un incident dans un fait bien plus haut et plus général : le fait électoral de mai et de juin derniers.

La réforme annoncée à l'ouverture de la petite session, confirmée par le Message, préludant par la démission de quatre ministres — dont le talent et les services peuvent se passer d'être rappelés ici ; — portée au Sénat par *un ministère*, et en discussion aujourd'hui dans cette assemblée, — la réforme, dis-je, n'est pas née des interpellations, mais des élections, et la principale constatation du réveil de la vie politique dans notre pays se trouve dans les circulaires mêmes des Députés de la majorité. Toutes — à bien peu d'exceptions près, — ont sollicité les suffrages des électeurs au nom de l'ordre et de la liberté ; le plus grand nombre atteste la nécessité d'un pas en avant dans les institutions libérales ; et le 28 juin, quand la petite session s'est ouverte, je tiens pour absolument certain, qu'avec des nuances différentes, plus de 240 voix sur 288 nominations, se réunissaient dans une pensée commune : le développement de la liberté d'accord avec l'Empereur.

Si, à ce moment, les hommes influents de la majorité usant de leur légitime action sur leurs Collègues anciens et nouveaux, avaient proposé une manifestation par laquelle le Corps législatif aurait nettement marqué son adhésion aux promesses contenues dans la déclaration d'ouverture, cette manifestation aurait, en trois jours, réuni cent cinquante voix, et le mouvement, une fois donné, se serait, en une semaine, étendu jusqu'à la limite du centre gauche, laissant seulement en dehors toute la gauche et quelques individualités marquantes de l'extrême droite.

A un tel mouvement je me serais associé de toutes mes forces comme à un acte aussi intelligent que patriotique. Si l'on me demande pourquoi je ne l'ai pas provoqué, je répondrai que de telles initiatives peuvent être prises par des hommes ayant au milieu de leurs Collègues la triple autorité de l'ancienneté, du talent, des services rendus; mais elles sont nécessairement et d'avance condamnées à l'impuissance de la part d'un Député nouveau. A mes concitoyens de l'Allier, je n'ai pas besoin de rappeler que ma première élection au Corps législatif date de juillet 1868.

Cette occasion unique d'union et d'action n'étant pas saisie par la majorité, il appartenait au tiers-parti de s'en emparer, et il l'a fait —

pourquoi n'en pas convenir ? — avec autant de résolution que d'habileté. Le succès ne pouvait pas lui manquer d'ailleurs, non certes qu'il le rêvat alors tel qu'il l'a obtenu, mais suffisant pour exercer une notable influence sur la marche des événements.

Le tiers-parti pouvait et devait, à coup sûr, compter sur les quarante-deux voix du célèbre amendement des libertés politiques. L'accueil négatif fait à cet amendement, suivi quelque temps après de l'acte libéral du 24 novembre, avait laissé des traces profondes dans l'esprit de ces quarante-deux signataires, et le tiers-parti prévoyait avec raison que pas un d'eux ne manquerait à une nouvelle et semblable manifestation.

Lorsque, en raison de l'indépendance de mes votes dans la session de 1868, on m'a fait l'honneur de me demander de m'associer aux interpellations du tiers-parti, dix ou douze signatures seulement étaient réunies ; mais on avait la certitude d'arriver à soixante ou soixante-dix, et l'on considérait ce nombre comme constituant un grand succès et comme donnant aux interpellations une base suffisamment large. Ces espérances étaient fondées ; le nombre de soixante à soixante-dix signatures était conforme à la statistique connue des partis; j'ajoute que, dans ces limites, il eût été parfaitement efficace, et la France n'eût pas eu l'étonnement d'une division grave dans la majorité.

Quoi qu'il en soit, du moment que les interpellations émanaient du tiers-parti, elles prenaient un certain caractère d'opposition; car elles allaient droit aux hommes autant qu'aux choses; c'était bien le cas pour les conservateurs indépendants,—et ma prétention est d'être de ceux-là — de demander à réfléchir. Ce fut ma réponse, et l'on m'offrit, pour m'éclairer, d'assister à la réunion dont l'opinion publique s'est si vivement préoccupée et qui a été racontée avec assez de détail et d'exactitude pour que je n'aie pas à y revenir ici *in extenso*.

Le tiers-parti y assistait presque tout entier; dix à douze de nos Collègues représentaient l'opposition parlementaire, l'opposition catholique et la gauche non radicale; quinze à vingt Membres de la majorité étaient présents; en tout, nous étions environ soixante.

La discussion fut calme dans la forme, émue, pour tous, dans le fond; le mot de

Pouvoir personnel ne fut pas, que je sache, une seule fois prononcé; mais personne ne pouvait s'y tromper; le fond de la pensée de l'interpellation était, par voie d'injonction, la substitution du régime parlementaire au régime personnel. Chaque discours laissait d'ailleurs clairement voir que, sur ce terrain commun, il se rencontrait des pensées singulièrement divergentes. Finalement, l'assemblée nomma une commission de six Membres pour une rédaction définitive, et c'est du travail de cette commission qu'est sortie l'Interpellation que tout le monde connaît.

Elle a réuni cent seize signatures, sur lesquelles soixante-cinq du tiers-parti, de l'opposition parlementaire, de l'opposition catholique et de la gauche, et cinquante-une de la majorité. Tels ont été du moins les chiffres généralement adoptés. Je ne les crois pas parfaitement exacts; le chiffre des Membres de la majorité m'y paraît trop faible.

La majorité, je l'ai dit, était pleinement convaincue qu'un pas en avant était nécessaire et que le Corps législatif devait le dire dans une forme nette, mais respectueuse, à l'Empereur.

En présence de l'Interpellation, deux courants se sont produits parmi nous.

Les uns ont pensé que pour enlever à l'Interpellation son caractère d'acte d'opposition, il suffisait à la majorité de s'y associer par un grand nombre de voix, sans se dissimuler d'ailleurs ce qu'il pouvait y avoir d'incomplet ou d'excessif dans l'interpellation, mais avec la conviction que signer, c'était servir à la fois le pays et l'Empereur.

Les autres ont pensé que l'origine des Interpellations et surtout les commentaires dont elles avaient été l'objet, leur maintiendraient, d'une manière indélébile, leur caractère d'opposition; que la majorité, en s'y ralliant en grand nombre, allait jeter un trouble profond dans le pays, qui s'inquiéterait de cet amoindrissement des forces conservatrices, et se demanderait si, après les engagements du 28 juin, l'Empereur et son Gouvernement devaient s'attendre à un acte formel d'opposition de la part de la majorité.

Entre ces deux partis, j'ai choisi le dernier, tout en reconnaissant que le premier pouvait se défendre par de fortes raisons; convaincu d'ailleurs que les Membres de la majorité qui s'y sont ralliés ont agi en conscience et en parfaite indépendance, et certain qu'ils rendent la même justice aux cent trente-huit Membres de la majorité qui ont fait autrement qu'eux.

Maintenant allons au fond des choses : Que demande l'Interpellation ? la responsabilité ministérielle et la restitution au seul Corps législatif de tous les droits d'une Assemblée délibérante. Eh bien ! ici il ne faut pas se payer de mots ; la responsabilité ministérielle en présence d'une seule Assemblée délibérante, seule librement et fortement organisée, c'est le Gouvernement dans et par cette Assemblée, c'est le pouvoir personnel du Corps législatif mis à la place du pouvoir personnel de l'Empereur.

Mais le Sénat ? — le Sénat, au moment où l'Interpellation se discutait, n'avait que deux pouvoirs, le pouvoir constituant et le pouvoir de non-promulgation. Il n'y a pas là même une digue contre l'accroissement ou plutôt le monopole du pouvoir demandé par le Corps législatif. Comment n'a-t-on pas vu que l'Interpellation, si elle était prise au mot, était le retour à la situation de 1851 : une seule Assemblée en face du Pouvoir exécutif, le Gouvernement en dualisme, avec l'anarchie pour conséquence inévitable, et deux seules issues : un coup d'Etat ou la République, deux choses dont, à coup sûr, la France ne veut plus.

Que veut donc la France ? Avec cette précision qui est l'un des caractères de son talent de penseur et d'écrivain, l'Empereur a donné la formule du gouvernement nécessaire à notre pays, dans sa lettre à M. Schneider : UN POUVOIR FORT, ENTOURÉ D'INSTITUTIONS LIBÉRALES.

Il faut un pouvoir fort pour deux raisons considérables : la faiblesse de nos frontières du nord est du nord-est, et la prépotence de Paris.

Parler de la faiblesse de nos frontières, c'est, je ne le sens que trop, toucher à une plaie saignante. Je me borne à rappeler que, non seulement nous n'avons pas la frontière du Rhin, mais que nous n'avons même pas celle que l'un des plus illustres citoyens de notre pays, Vauban, appelait la *frontière de fer*. La haine de la Prusse, aidée de la connivence de l'Angleterre, nous l'a, en 1814 et 1815, déman-telée, et Sadowa s'est fait depuis !....

La France sent bien qu'en présence de ce danger permanent, de cette porte toujours ouverte, il faut une pensée toujours présente, et un commandement de l'armée toujours fort.

A l'intérieur, nous avons le gouvernement le plus centralisé qui ait jamais enfermé une nation dans son réseau d'acier et de plomb. Où est le siége de ce gouvernement ? où est toute sa vie, toute sa force, toute son action ? où se concentrent et se tendent tous les ressorts de l'administration publique, dont tout émane, dont tout dépend ? où est *la poignée dont la pointe est partout ?* à Paris.

Qu'en résulte-t-il ?

Que, si une émeute triomphe à Paris, tout gouvernement régulier disparaît; tout s'effondre à la fois sans rémission, sans résistance possi-ble. Trois jours suffisent, et la France change de gouvernement sur l'ordre de Paris, de Paris dont l'histoire n'est qu'une série d'émeutes, ville de fronde par nature, passée maîtresse dans le grand art des insurrections ; par une partie de sa population, elle les regarde et les laisse passer, par l'autre, elle les accomplit en riant. Tel n'a pas été, je le sais, le caractère des derniers troubles ; mais l'histoire est là pour nous montrer la garde nationale de Paris tenant bravement tête à l'émeute, lors du procès des ministres, en 1830, puis aux insurrections de 1848, contre un Gouvernement en pleine légalité.

On a parlé de décapitaliser Paris. Les raisons géographiques, économiques, politiques qui ont fait de Paris la capitale de la France, sont d'une puissance que bien des siècles amoindriraient à peine. Le transfert même du siége du Gouvernement dans une autre ville y serait impuissant. Si l'on ne peut pas toucher à la capitale, quelles que soient ses hardiesses et ses aberrations politiques, c'est donc à la centralisation qu'il faut toucher. Puisque c'est l'excès de centralisation qui fait le danger permanent de Paris, qui lui donne le privilège des révolutions à coup de foudre, ce pouvoir d'ef-

fondrement subit de toutes les forces gouverne-
mentales, c'est à l'excès de centralisation qu'il
faut s'attaquer ; c'est seulement par une modifi-
cation profonde de notre système administratif
que l'on pourra, non pas décapitaliser Paris,
mais lui enlever le privilège révolutionnaire de
décider souverainement, à son caprice, des
destinées du pays tout entier.

Décentraliser, selon moi, ce n'est pas trans-
porter quelques attributions ministérielles aux
préfetures, aux conseils généraux, aux munici-
palités. C'est quelque chose assurément ; ce
n'est pas l'essentiel.

L'essentiel, c'est de constituer la vie politique
dans les provinces ; c'est de faire des Conseils
généraux des départements des centres d'action
sérieux, légalement indépendants dans les
circonstances graves, armés du droit de réunion
en cas d'insurrection triomphante sur un point
quelconque du territoire, et pouvant lever le
drapeau de la résistance le jour où ailleurs se
sera abaissé le drapeau de la Loi.

Ce sera, dira-t-on, la guerre civile. Ah ! cent
fois la guerre civile plutôt qu'une révolution

imposée par la multitude des rues; la fortune publique n'y perdrait pas plus et le caractère national y perdrait moins. Mais ce ne sera pas la guerre civile.

Lorsqu'en présence d'une insurrection, triomphante quelque part que ce soit, dix Conseils généraux seulement auront fait appel à la résistance, ce jour-là, la France respirera; l'exemple sera donné, les autres départements suivront et le pays fera connaître sa volonté. Ce jour-là, nulle nation ne pourra se dire plus libre que la nôtre.

Je ne veux pas m'étendre sur ce sujet; les bornes d'une lettre ne le permettent pas. J'abrège donc. Je viens de dire pourquoi il faut à la France un Pouvoir fort; il le lui faut en deux mots pour faire équilibre à la Prusse et à Paris.

Ce Pouvoir fort peut-il être le Pouvoir personnel? Ne médisons pas de ce Pouvoir que nous avons fait et acclamé comme notre salut; après s'être successivement détendu, il accomplit aujourd'hui une évolution considérable et sans précédents dans l'histoire ; il se transforme par un acte aussi intelligent que généreux.

Ce Pouvoir fort doit être un Pouvoir entouré d'istitutions libérales, franchement et logiquement libérales, c'est-à-dire un Pouvoir à trois, un Souverain et deux Assemblées délibérantes ; aussi est-ce avec une joie profonde que j'ai vu le Sénatus-consulte, réparant l'oubli des Interpellations, agrandir le rôle du Sénat en même temps que celui du Corps législatif ; j'espère même que des délibérations du Sénat, sortira avec plus de force et de clarté le rôle nouveau dévolu à cette Assemblée.

Dans le Gouvernement à trois, bien organisé, il n'y a pas besoin de révolutions pour que le progrès s'accomplisse ; il ne faut que l'accord de deux des Pouvoirs ; dès lors le troisième peut céder sans s'humilier, ou attendre sans abdiquer.

Dirai-je toute ma pensée ? Je voudrais que le Sénat, élu, en partie du moins, par les Conseils généraux, fût ainsi le représentant plus spécial de l'esprit des départements. Il ne faut pas se le dissimuler d'ailleurs ; il n'y a plus de force, d'influence, de prestige possible pour une Assemblée délibérante en France qu'à condition de l'élection.

L'électivité du Sénat, partielle d'abord, totale ensuite, sauf quelques situations, de droit sénatoriales, et la plénitude des droits des Assemblées délibérantes concédé en même temps au Sénat et au Corps législatif, tel est, selon moi, le seul moyen aujourd'hui pour la France de réaliser la formule de l'Empereur: un Pouvoir fort et des institutions libérales. Le Pouvoir fort est nécessaire à notre pays, j'ai dit pourquoi, et malgré les clameurs passionnées des partis, la France l'acceptera toujours tel pour la défense de l'indépendance nationale et de l'équilibre intérieur. Elle comprendra, elle comprend que cette force toute défensive, ne peut, en présence de deux Assemblées jouissant de tous leurs droits, devenir agressive ni contre l'Étranger, ni contre la Liberté.

Nulle garantie plus certaine pour la France et pour l'Europe ; pour la France qui, sûre que ses frontières sont bien gardées, fera chez elle son œuvre de liberté et de progrès par l'accord des trois Pouvoirs, et pour l'Europe, qui voyant la France calme et satisfaite à l'intérieur, et, par conséquent, plus forte que jamais, sentira que le moment est venu de fonder l'équilibre définitif et de fermer ainsi pour toujours l'ère de l'effusion du sang en Europe et, par là, dans le monde.

Veuillez recevoir, mon cher Monsieur, l'assurance de ma considération distinguée.

S. MONY,

Député de l'Allier.

(Extrait du *Courrier de l'Allier* du 15 août 1869.)

Montluçon. — Imprimerie de Crépin-Leblond. 10892.

www.ingramcontent.com/pod-product-compliance
Lightning Source LLC
Chambersburg PA
CBHW061457050726
47593CB00004B/1665